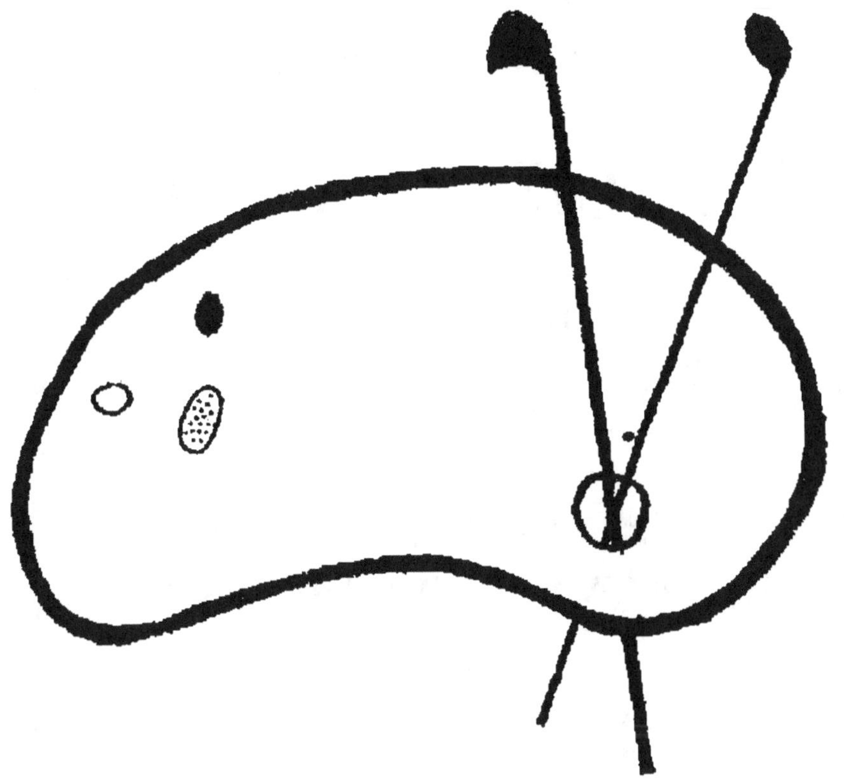

COUVERTURE SUPÉRIEURE ET INFÉRIEURE
EN COULEUR

ETHNOGRAPHIE ET STATISTIQUE

DE LA

TURQUIE D'EUROPE

ET DE

LA GRÈCE

(Accompagné d'une Carte en chromo contenant des modifications
et rectifications très-importantes d'après documents recueillis
sur les lieux mêmes.

RACES MUSULMANES ET RAÏAS

TERRITOIRES OCCUPÉS PAR ELLES DANS LA PRESQU'ILE DES BALKANS

PAR

F. BIANCONI (C. O. ✠)

Ex-Ingénieur-Architecte en Chef des études et de la construction
des voies ferrées en Turquie d'Europe (1872-1876).

Membre de la Société de Géographie de France.

PRIX : 2 FR. 50

1re ÉDITION

PARIS

A. LASSAILLY, LIBRAIRE-ÉDITEUR

61, RUE RICHELIEU, 61

MAI, 1877

ETHNOGRAPHIE ET STATISTIQUE

DE LA

TURQUIE D'EUROPE

ET DE

LA GRÈCE

RACES MUSULMANES ET RAÏAS

ETHNOGRAPHIE ET STATISTIQUE

DE LA

TURQUIE D'EUROPE

ET DE

LA GRÈCE

(Accompagné d'une Carte en chromo contenant des modifications
et rectifications très-importantes d'après documents recueillis
sur les lieux mêmes.

RACES MUSULMANES ET RAÏAS

TERRITOIRES OCCUPÉS PAR ELLES DANS LA PRESQU'ILE DES BALKANS

PAR

F. BIANCONI (C. O. ✠)

Ex-Ingénieur-Architecte en Chef des études et de la construction
des voies ferrées en Turquie d'Europe (1872-1876).

Membre de la Société de Géographie de France.

PRIX : 2 FR. 50

1re ÉDITION

PARIS

A. LASSAILLY, LIBRAIRE-ÉDITEUR

61, RUE RICHELIEU, 61

MAI, 1877

AVANT-PROPOS

L'utilité du travail que nous présentons aujourd'hui au
public nous paraît doublement justifié par les événements
qui se sont accomplis depuis plus d'un an dans la presqu'île
des Balkans, par ceux plus graves encore que préparent l'impéritie et le fanatisme du gouvernement turc, circonstances
qui peuvent amener des complications telles, qu'une bonne
carte ethnographique de ces pays devient nécessaire, indis-
pensable pour les hommes d'État qui sont appelés bientôt,
peut-être, à fixer les limites de plusieurs Etats indépendants
qui pourraient se former dans la presqu'île balkanique.

Une autre raison, non moins importante, réclamait depuis
longtemps la publication de la carte de cette partie de l'Europe, dont l'intérieur est aussi peu connu que peuvent l'être
certaines parties de l'Afrique centrale.

Quoique la Turquie d'Europe ait été le théâtre de faits
qui ont attiré l'attention du monde entier, nous pouvons

assurer, pour des raisons que nous avons donné dans un un autre ouvrage (1), qu'aucun géographe n'a tracé jusqu'à ce jour, d'une manière un peu exacte, les limites respectives des diverses provinces qui portent le nom de presqu'île des Balkans, et les emplacements occupés par les nombreuses races, bien souvent mêlées, qui les habitent.

Le travail auquel nous donnons aujourd'hui la publicité nous paraît offrir un intérêt considérable. Il facilitera l'étude des nombreuses races qui peuplent ces contrées, et fera surtout ressortir cette anomalie de la domination turque sur des populations beaucoup plus nombreuses et intelligentes que cette dernière, avec laquelle elles n'ont de commun ni l'origine, ni les mœurs, ni la religion. Enfin, il sera le complément de toute publication sur la question d'Orient, qui s'offre aujourd'hui aux méditations des écrivains et des hommes d'État.

---

(1) Voir *la Vérité sur la Turquie*, du même auteur.

L'ÉTENDUE PRIMITIVE

DE

l'Empire-Ottoman

SES VÉRITABLES FRONTIÈRES ACTUELLES

L'empire ottoman, si longtemps redoutable, et qui mit si souvent en péril l'indépendance de l'Europe, a décliné très-sensiblement dès le commencement du XVIIe siècle.

La race des Osmanlis avait un moment reculé ses frontières nord bien loin du Danube. Une grande partie de la Hongrie, la Bukovine, la Transylvanie, le Banat, tous les pays Slavons de l'Autriche, ont fait partie du territoire conquis par cette race primitivement guerrière. Que reste-t-il aujourd'hui de cette puissance jadis si formidable? Beaucoup mais en même temps rien. Beaucoup, car l'empire du calife de Stamboul s'étend encore du Danube jusqu'aux rives de l'Euphrate et du Tigre; rien, parce que les populations qui habitent cet immense territoire sont à la veille de secouer le joug que les Turcs ont de tout temps fait peser sur les pauvres habitants qu'ils ont soumis par le glaive.

S'inspirant exclusivement des préceptes contenus dans leurs livres sacrés, préceptes éminemment rétrogrades, imbus de leurs doctrines vieillies par le temps, les Turcs n'ont pas voulu pénétrer dans la voie du progrès; ils sont restés passifs et immobiles, tandis que les autres peuples allaient au-devant de la civilisation; ils sont restés dans une ignorance crasse et ont rejeté les éléments d'une vie nouvelle, libre et prospère; ils en subissent aujourd'hui les conséquences. Ils ne sont plus qu'un dernier obstacle au progrès et à la lumière; ils seront écrasés et leurs débris finiront par se disperser dans les contrées lointaines et sauvages du Korrassan et du Turkestan, berceau de leur ancienne puissance.

Les états autrichiens, autrefois dominés par la race d'Osman, se reconstituèrent aux dépens de la Turquie; la Crimée, la Bessarabie, la Circassie, la Georgie, une partie de l'Arménie ont passé sous la domination des Russes, une faible partie de la race hellénique reconquit son indépendance et constitue, depuis 1833, le royaume de Grèce; la Valachie et la Moldavie, jadis gouvernées par des caïmakans nommés par la Porte, se sont réunies, en 1861, sous le nom de Roumanie, ont élu un prince de leur choix et se gouvernent actuellement par elles-mêmes; la Serbie se trouve dans la même situation que la Roumanie, et peu s'en est fallu, malgré ses petits moyens et ses faibles ressources, mais avec l'aide de son grand patriotisme, qu'elle ne fit disparaître l'espèce de suzeraineté que la Porte possède encore sur cette principauté, ainsi que sur celle gouvernée par le prince Charles.

L'Égypte, autrefois vilayet de l'empire, s'est unifiée depuis longtemps et déclarée indépendante. La Tunisie n'a plus rien de commun avec le pouvoir de Stamboul. L'Algérie appartient à la France depuis un demi-siècle. Les grandes provinces de l'Hedjaz et de l'Yemen, quoique des géographes peu au courant de l'état de ces pays, les placent encore sous la domination de la Porte, n'en font plus partie depuis longtemps. Les Arabes nomades de ces contrées ne reconnaissent aucunement l'autorité des quelques fonctionnaires turcs que le pouvoir central de Constantinople s'obstine avec ostentation à leur envoyer. La porte sait fort bien que leur présence est inutile, mais elle n'agit ainsi que pour cacher aux yeux de l'Europe son impuissance et la décadence que la destinée implacable lui a reservée.

Sur les frontières de la Perse, son autorité est plus discutable encore; les immenses contrées qui séparent Bagdad des pays de l'Iram n'ont d'autres rapports avec la Porte que ceux que nos géographes donnent sur leurs cartes. Ennemis des Turcs de race et de secte, les Arabes de ces pays ont depuis longtemps secoué le joug qui pesait sur eux.

En 1872, Naser, cheik d'une puissante tribu d'Arabes, avait donné l'exemple aux autres chefs afin de proclamer leur indépendance complète ; un jour, ils réunirent leurs forces et repoussèrent victorieusement les attaques de quelques *Askers* que le valy de Bagdad avait envoyés contre eux. La révolte commençait à prendre des proportions considérables, l'impuissance des Turcs était manifeste ; ne pouvant soumettre par les armes le puissant Naser chef des Montéfiks , lequel, avons-nous dit, était à la tête du mouvement, la Porte chercha à le gagner par d'autres moyens ; Naser fut accessible à la flatterie et aux honneurs ; on lui donna le rang de Valy et de Vizir ; on le combla de cadeaux, il accepta, de ce fait, la suzeraineté du Sultan, mais l'indépendance de ses tribus fut reconnue de droit.

Al'île de Crète, maintes fois révoltée, on promit une espèce d'autonomie ; on n'a rien fait, et les habitants de cette riche terre ne peuvent, sous les fourches du croissant, développer leur intelligence et leur industrie, ce qui ne fait pourtant qu'affaiblir l'autorité du Sultan, car les Crétois ont pu apprécier dans beaucoup de circonstances la valeur des nombreux hatti-chérifs et hatti-humayoums promulgués par la Porte.

Le Liban, depuis l'intervention française se trouve dans de meilleures conditions que le pays précédent, puisque cette contrée a le droit de se faire administrer par un fonctionnaire chrétien.

L'île de Samos, dans l'archipel, est régie à part ; le gouverneur prend le titre de prince et sa constitution communale lui procure un peu de liberté dont elle tire profit.

Dans la Turquie d'Europe il existe des provinces qui sont indépendantes de fait, et cependant le padischah se donne le plaisir de s'en dire le maître. Ne se dit-il pas aussi souverain du Montenegro !...

Les tribus des *Mirdites,* des *Dibri,* des *Kutchi,* des *Klementi,* des *Baniani,* des *Pulati,* des *Mati* n'ont jamais admis sur leurs territoires des fonctionnaires ottomans; ils vivent sous la direction de leurs chefs respectifs, ils payent un léger tribut à la Porte, et c'est en quoi consiste toute l'autorité de celle-ci dans ces contrées montagneuses. Elles se trouvent par conséquent dans les mêmes conditions que la Serbie et la Roumanie; c'est donc à tort qu'on les porte comme faisant parties intégrantes de l'Empire.

Enfin, le pouvoir du Sultan ne s'exerce réellement dans les contrées de la Turquie d'Europe que sur les suivantes : mais là au moins il est bien incontestable; les massacres de juin 1876 en font foi. Voici les noms de ces provinces : la Bulgarie, la Bosnie y compris l'Herzégovine, une partie de l'Albanie et tout le pays grec de la Thrace, de l'Épire, de la Thessalie et de la Macédoine.

Dans l'Archipel, les îles de la côte orientale, excepté Samos où les Turcs se trouvent heureusement impuissants.

Dans la Turquie d'Asie, l'Anatolie lui est-soumise; la preuve c'est que la famine et la misère y ont élu domicile; le littoral de la Palestine où les Druses vivent en si bons rapports avec les Maronites chrétiens; les pays de Diarbékir et de Bagdad, pays des pustules malignes, et une partie de la Mésopotamie où se trouvent situées les villes d'Alep et de Hamah, lesquelles, de temps en temps, donnent naissance du sein de leurs ruines et de leurs rues étroites et fangeuses, à ces miasmes pestilentiels qui vont porter la mort jusque dans les populations paisibles et industrielles qui sont pourtant bien éloignées de cet Orient dont le beau soleil, quoi qu'en pensent les poëtes rêveurs et fantaisistes de l'Occident, n'éclaire toujours que des décombres et des ruines, faisant ressortir plus vivement encore les maux qui accablent les malheureux habitants de ces contrées rendues désertes et incultes par l'oppression, l'ignorance et la barbarie.

En résumé, toutes les provinces soumises aujourd'hui directement à la Porte étaient jadis florissantes ; elles ont été le berceau de a civilisation, du commerce et des arts, aujourd'hui des steppes arides ont succédé aux plaines fertiles, les monuments érigés avant la conquête ottomane tombent en morceaux, sous la domination du Croissant. La liberté a fait place au servage, la vie n'est qu'une suite d'angoisses, et de ces populations enchaînées, les unes dégénèrent rapidement, leur intelligence s'amoindrit et leur éternelle misère achèvera de les dégrader; les autres, mieux organisées pour la résistance, finiront cependant par être écrasées, si l'Europe ne vient en aide à toutes en ce moment éminemment critique, tant pour les descendants des vainqueurs que pour les descendants des vaincus.

LES RACES DE LA TURQUIE D'EUROPE

DIFFICULTÉ DU RECENSEMENT EN TURQUIE

Quelques écrivains et géographes ont essayé, à différentes époques, de donner un aperçu et le chiffre approximatif de chaque race, habitant la presqu'ile des Balkans.

Les uns, faisant preuve de modestie, avouaient tout d'abord à leurs lecteurs que, vu l'impossibilité absolue de pénétrer dans l'intérieur, et le manque de documents officiels sérieux sur cette partie de l'Empire Ottoman, il leur était matériellement impossible de pouvoir donner autre chose que des chiffres approximatifs, rélevés dans quelques descriptions des très-rares voyageurs qui ont pu parcourir ce pays.

D'autres, jouissant d'une certaine renommée comme géographes, ont profité de la pénurie des documents sérieux pour n'offrir au public que des statistiques fantaisistes ; de sorte que les lecteurs qui ont intérêt à suivre cette question sont tout étonnés de trouver dans les chiffres donnés par les uns et les autres des différences énormes, souvent ridicules.

Ces géographes cependant ne sont pas trop à craindre dans l'intérèt de la vérité ; ceux qui le sont davantage, ce sont les écrivains et géographes qui ne publient leurs travaux sur la question des raïas que dans un but politique et personnel.

La partialité chez eux est évidente, palpable ; elle saute aux yeux dans chaque ligne de leurs travaux. Profitant de l'obscurité qui règne encore sur ces malheureux pays, ils s'en font les avocats. Ceux-là ne sont pas des historiens, ce ne sont que les mandataires des comités qui siégent dans les capitales des états limitrophes où habitent des peuples de même race et de même origine que ceux qui vivent encore sous le joug honteux de bachi-bouzouks.

Pendant que les races raïas ottomanes voyaient le chiffre de leur population grandir ou diminuer au gré du caprice ou des intérêts des géographes en chambre du dehors, la Porte voulut aussi, à différentes époques, faire sa statistique et se donner les apparences d'une puisssance bien organisée au point de vue administratif, en donnant le nombre exact des individus qui composent chaque race raïa, ainsi que celle des musulmans ; il est inutile de dire que ce travail officiel était tout à fait en contradiction avec celui fourni par les Grecs, les Slaves, les Arméniens et les Juifs de l'intérieur, qui, directement intéressés dans la question, ne craignaient pas de faire cause commune en cette occasion, en mettant en évidence la vérité, et de montrer la domination des Turcs, comme seule responsable des maux sous le poids duquel ils gémissent depuis si longtemps.

Jamais cependant aucune chancellerie, aucun diplomate ne prit au sérieux les chiffres donnés par les administrateurs de la Porte, parce que les erreurs étaient trop grossières et les contradictions trop évidentes.

Chacun sait aujourd'hui que le gouverneur d'une province dans l'Empire Ottoman est à peu près indépendant et qu'il n'agit, la plupart du temps, que suivant ses propres imspirations et surtout suivant ses intérêts. Le manque absolu de communications, l'ignorance complète, qui est le plus bel ornement de la race dominante des Osman.is, mettent ces fonctionnaires à l'abri de tout contrôle. Ils sont tout à fait les maîtres dans les provinces qu'ils administrent. Dans cette situation, il est facile de comprendre que toutes les fois qu'il s'est agi de faire un dénombrement de la population, ils se sont bien gardés de se livrer à un travail difficile, souvent pénible, qu'ils considéraient d'ailleurs comme parfaitement inutile ; si parfois ils en donnaient un, il était toujours bien loin de la vérité. Du reste, ces fonctionnaires, peu scrupuleux, qui ont l'habitude de mettre toujours en avant, dans les actions de la vie, leurs intérêts privés, ne se gênaient pas pour diminuer très-sensiblement, sur leurs états, le chiffre de la population mâle, laquelle paie seule, en nature et en espèces, de fortes contributions à l'Empire, afin de pouvoir garder impunément une forte part des dîmes qu'ils percevaient légalement, mais le plus souvent arbitrairement, sur leurs malheureux administrés.

Il ne faut pas croire, cependant, que les femmes soient à l'abri des redevances ; elles sont tenues à des corvées pénibles pour le service des beys, des aghas et des tchaouss musulmans.

Le peu de scrupule qu'ont les Turcs étant aujourd'hui universellement reconnu, on doit convenir que jamais les statistiques fournies d'une façon officielle par la Porte, sur ces sujets, n'ont pu être prises en sérieuse considération et ne doivent, en conséquence, servir en aucune manière comme documents pour l'élaboration d'un travail ethnographique de ces contrées.

RACES RAÏAS DANS LA PRESQU'ILE DES BALKANS

Nous avons dit qu'un grand nombre d'écrivains et de géographes ont essayé de classer les races de la Turquie et d'évaluer l'importance numérique de leur population. Aucun d'eux n'a mis le pied dans l'intérieur de la Turquie qu'ils ne connaissent que pour avoir visité certaines villes du littoral; cette courte excursion leur a suffi pourtant pour acquérir, à tort, une certaine notoriété, et leur permettre de présenter au public les chiffres de la population de la presqu'ile balkanique, en leur donnant une apparence d'authenticité.

De tous les grands géographes qui se sont occupés de cette question, un seul, M. Élisée Reclus, a déclaré avec modestie qu'il n'avait pas réussi, malgré tous ses efforts, à trouver la vérité. Si beaucoup d'erreurs se sont produites dans ses œuvres, il a du moins décliné toute responsabilité dans ses appréciations.

Stamford a récemment publié quelques documents sur la même question. Nous croyons qu'il s'est rapproché un peu plus de la vérité sur l'évaluation de quelques-unes des races décrites par lui; dans d'autres, il s'en est écarté considérablement.

2

Kiépert a fait une magnifique carte et c'est tout; mais le géographe allemand n'a pas complété son travail, même sous le rapport topographique; de nombreuses erreurs s'y sont glissées comme dans celui des autres. Dans le centre de la Turquie, dans les grandes régions comprises entre Tatar-Bazardjik, Samakoff, Dubnitza, le Rilo, la Stroumma, Uskub, Sofia, et jusque tout près de Leskowatz, nous avons, dans nos nivellements, constaté des écarts considérables, trouvé des localités, des cours d'eau, des montagnes même, qui ne figuraient point sur la carte de ce géographe fameux, lesquelles, il faut le dire, nous ont servi, à défaut de meilleures, à nous guider dans nos premières reconnaissances barométriques des lieux.

Dans aucune carte, les hauteurs des montagnes, des cols et des passages, les thalwegs des cours d'eau dans les contrées que nous avons nommées, ne sont marquées d'une façon à peu près exacte et nous devons avouer ici, avec regret, que nous, ingénieur français, nous avons eu bien souvent occasion de constater combien les cartes de nos géographes étaient inférieures à celles des Allemands et des Antrichiens, en ce qui concerne du moins la Turquie.

Cet état de choses ne durera pas, nous l'espérons; dans tous les cas, nous ferons tous nos efforts pour que bientôt la priorité reste aux cartes françaises.

MM. Petermann, Von Stein, Yakchiti, Hammer, Aimé Boué, Halle, Henri Mathieu, ont donné, de leur côté, des chiffres approximatifs des races de la Turquie; mais tous ces travaux ne doivent pas, d'après nous, être considérés comme sérieux. Dans les chiffres fournis par les uns et les autres sur une même race, ou sur la population d'un même vilayet, on constate des écarts énormes..

Nous voulons en donner une preuve qui permettra au besoin d'en apprécier toute l'importance.

En 1871, le major autrichien Halle, parlant du vilayet d'Andrinople, estime la population totale de cette province à 2,471,000 habitants.

Quatre ans plus tard, M. Vladimir Yakchiti, directeur du bureau de statistique de Serbie, estime la même population au chiffre de 1,354,567. Ce dernier, qui diminuait presque de moitié le chiffre de la population du vilayet d'Andrinople donné par l'officier autrichien, estime à son tour le total des habitants du vilayet de Priszend-Scutari, à 1,340,471, tandis que son contradicteur le faisait monter à 904,000 seulement.

L'un et l'autre cependant prétendaient que leurs chiffres étaient basés sur des données très-sérieuses, fournies par leurs amis résidant dans l'intérieur de la Turquie.

Bien d'autres ont commis, dans l'évaluation de la population, des erreurs non moins graves; il nous paraît inutile de reproduire les chiffres qu'ils ont donnés.

Il fut un temps où les puissants de Stamboul, enrichis par les dilapidations sans nom commises sur les malheureux sujets et plus encore par les quatre milliards, arrachés à l'ignorance crédule des giaours francks, passaient tranquillement leur vie dans l'indolence et l'oisiveté des harems; ans ces temps heureux, bien différents de ceux qu'ils tra-

versent en ce moment, ils purent se payer le facile plaisir
de modifier la carte de la Turquie, changeant à volonté le
chiffre des populations chrétiennes soumises à l'autorité
« paternelle » de S. M. le Sultan, grâce à des écrivains et
à des géographes complaisants, qui montraient fièrement
les documents officiels, puisés, disaient-ils, dans les archives de la Sublime-Porte.

Parmi ces écrivains, il faut compter M. Ubicini ; sous
prétexte qu'il était directeur du journal officiel de la Porte,
pensant être le seul en état d'obtenir des documents que ne
pouvaient se procurer les autres, il crut pouvoir se permettre
de modifier les chiffres, assez exacts, fournis dans quelques
cas par certains géographes consciencieux.

A la faveur de cette autorité semi-officielle, dans l'obscurité qui enveloppait alors tout le système gouvernemental
ottoman, ces travaux ethnographiques obtinrent une certaine créance en Europe, d'autant plus justifiée que ces
estimations se rapprochaient quelquefois de celles d'un
écrivain prétendu spécialiste et assez connu en Europe par
ses travaux sur l'Orient, M. Aimé Boué.

En faisant des rapprochements entre les œuvres de l'écrivain français et de l'écrivain turc, on y remarque cependant
des écarts considérables qui proviennent certainement du
point de vue opposé sous lequel ils se plaçaient, et parfois
des sources contraires auxquelles ils puisaient leurs renseignements. Ces deux motifs sont les seuls qui peuvent en
quelque sorte expliquer les différences si grandes qu'on remarque dans leurs estimations de certaines races de la

Turquie d'Europe; car ni l'un ni l'autre n'ont résidé, ni même parcouru les pays du centre de la presqu'île des Balkans.

M. Aimé Boué accorde aux Turcs de l'Europe une population de 700,000 âmes; M. Ubicini, directeur de la feuille officielle de Stamboul, porte ce chiffre à près du triple de ce nombre.

Mais la plus grave erreur qui se soit glissée dans les œuvres de M. Ubicini se trouve dans l'appréciation du nombre des habitants qui composent les races chrétiennes résidant, soit dans l'Archipel, soit sur le continent ottoman de l'Europe.

Les chiffres donnés par lui à cette catégorie de raïas, sont, il faut dire le mot, ridicules.

La vérité a été, en cette circonstance, travestie, on pourrait dire sciemment, car M. Ubicini a habité Constantinople assez longtemps pour s'apercevoir que ces chiffres étaient complétement erronés. Ainsi, il estime à 700,000 habitants les Grecs de l'Archipel, et, comme il ne fixe qu'à un million le nombre de ceux qui habitent dans l'immense territoire ottoman, il ne resterait plus de cette race que 300,000 âmes pour l'Épire, la Thessalie, la Macédoine et la Thrace.

Erreur manifeste, incompréhensible même. Si M. Ubicini, directeur de l'*Officiel* de la Porte, a été de bonne foi en cette occasion, que faut-il penser alors de la valeur des documents officiels qui ont été puisés dans les archives statistiques des ministères de Stamboul, s'il en existe.

La partialité chez quelques-uns de ces écrivains et géographes est aujourd'hui évidente, indéniable chez d'autres, l'ignorance ou l'insuffisance de documents indispensables, ont pu les induire en erreur dans leurs estimations ; ils sont moins coupables, mais aussi dangereux.

Le seul qui paraît, d'après nous, s'être le plus rapproché de la vérité, est Stamford, le dernier qui a écrit sur le sujet : nous n'acceptons cependant qu'avec de grandes réserves certains chiffres de la population de quelques races.

Mais faisons connaître d'abord le tableau que nous fournit ce géographe :

POPULATION DE LA TURQUIE D'EUROPE ET DES ILES DE L'ARCHIPEL

D'après les provinces

Constantinople.	
Andrinople.	2,200,000
Touna	1,900,000
Bosnie (1)	1,080,000
Prizrend	1,000,000
Salonique.	1,400,000
Janina	1,090,000
Crète.	210,000
Les îles de l'Archipel.	320,000
Chypre.	116,000
Ile de Samos (2)	34,000
Total.	9,350,000

(1) Rapports du consulat anglais.

(2) Rapport de M. Marc, consul de S. M. Britannique, daté du 31 décembre 1873.

D'après les races

Turcs.	750,000
Grecs.	2,940,000
Albanais.	850,000
Valaques et Roumains	150,000
Bulgares.	2,650,000
Serbes	1,150,000
Arméniens.	350,000
Israélites.	75,000
Bohémiens.	150,000
Tatars et Tcherkess.	220,000
Étrangers et autres.	75,000
Total.	9,350,000

D'après les religions

Orthodoxes de l'Église grecque.	5,600,000
Catholiques Romains.	280,000
Arméniens Grégoriens	300,000
Protestants et autres sectes.	45,000

Résumé

Total des Chrétiens	6,225,000
— Mahométans.	2,900,000
— Israélites.	75,000
— Bohémiens.	150,000
Total général.	9,350,000

Comme nous l'avions dit, quoique nous nous rappro-
chions de certains chiffres fournis par Stamford, nous
sommes loin de les accepter dans leur ensemble, d'autant
plus que lui-même se contredit, et que, finalement, son tableau reste incompréhensible.

Ainsi, dans celui qui représente les chiffres de la population d'après les races, il donne à la première, qui est la
turque : 750,000 âmes; aux Tatars et aux Tcherkess,
220,000, et aux Bohémiens, 150,000. C'est tout ce que
nous voyons de Musulmans dans ce tableau ; or, ces trois
chiffres réunis forment un total de 1,120,000, tandis que
le tableau qui suit, intitulé : Résumé, donne aux Musulmans
un total de 2,900,000. Où Stamford a-t-il pris la différence?
Ses propres renseignements lui donnent tort. Du reste, on re-
marquera que nous avons compté les Bohémiens parmi les
Musulmans, quoiqu'ils ne soient ni disciples de Mahomet, ni
de Jésus-Christ, et qu'ils trouvent autant de plaisir à ma-
rauder dans la propriété d'un Turc que dans celle d'un
Chrétien, lorsqu'ils sont sûrs de l'impunité ; nous avons été
témoin du fait plusieurs fois, et nous avons remarqué, en
outre, qu'il leur est interdit de pénétrer dans une mosquée
et, quoiqu'il ne leur soit pas défendu d'entrer dans une
église chrétienne, ils n'y mettent cependant jamais les
pieds.

M. Stamford aurait-il porté dans la catégorie des Musulmans la totalité des Serbes? Sont-ce les Albanais au contraire? Mais dans ce cas, le chiffre de cette race serait insuf-

fisant pour parfaire le nombre de Musulmans qu'il croit avoir trouvé dans la presqu'île des Balkans.

Nous préférons croire plutôt que le géographe anglais a dû se tromper dans le classement des races, et qu'une interposition de chiffres a suffi pour créer l'erreur.

Plusieurs géographes ne pouvant se procurer sur les lieux-mêmes les documents nécessaires pour un travail ethnographique de la Turquie, ont été obligés de se servir des données que l'on retrouve dans les rapports consulaires.

Ces documents, imparfaits et rares, sont-ils suffisants? Non. Car les consuls étrangers ne sont pas nombreux dans la Turquie d'Europe, et les quelques localités où les puissances ont établi des représentations consulaires sont situées la plupart sur la frontière de ce pays, ou dans les ports de commerce. Ce n'est que depuis les récents événements, c'est-à-dire depuis un an ou un an et demi, que des postes consulaires ont été créés par les puissances européennes.

Avant 1876, dans la vaste région comprise entre Philipopoli, Salonique, Monastir, Scutari, Sérayevo, région qui est presque égale au tiers de la France, il n'y avait pas un seul consul français. Et c'est précisément dans cette région que les races grecque, bulgare, albanaise, se mêlent et se confondent; c'est aussi la partie de la Turquie que l'on connaît le moins; c'est celle, au contraire, que nous connaissons le mieux, l'ayant parcourue en tous sens pendant de longues années. Nous connaissons parfaitement tous les autres territoires de la presqu'île des Balkans; nous nous sommes identifié avec toutes ces races, au milieu desquelles nous avons vécu; nous connaissons parfaitement leurs aspirations, leur situation matérielle et morale.

Peu de localités nous étant inconnues, nous allons essayer de donner, le plus exactement possible, le dénombrement de toutes les races qui composent les sujets du Sultan en Europe.

Nous nous garderons de tomber dans les mêmes fautes que nos prédécesseurs, en remontant au déluge, pour trouver les preuves que telle population est d'origine grecque, bulgare, albanaise ou serbe.

Nous connaissons, *de visu*, les habitants de ces pays; nous les classerons donc, en procédant, non par hypothèse, d'après les races primitives et l'histoire, comme ont fait nos devanciers, mais bien plutôt d'après leur langage, leurs coutumes, leur caractère, leurs mœurs, leurs idées, leurs aspirations, leur religion, enfin par les sympathies et les antipathies naturelles qu'ils ressentent les uns pour les autres, par la haine implacable que toutes portent à l'ennemi commun. (Voir le tableau.)

ADMINISTRATION

A cause du manque absolu de contrôle, les affaires d'une province sont généralement en *harabat*, mot turc qui signifie désordre; l'incapacité des uns, le mauvais vouloir des autres, le court séjour des gouverneurs dans les provinces, font que ce mot *harabat* est appliqué partout dans les administrations des provinces.

Les candidats au poste de gouverneur attendent à Constantinople leur arrivée au pouvoir et, pendant ce temps, font bonne figure, empruntant aux banquiers grecs, arméniens ou juifs, des sommes à des taux exorbitants. Or, ces postulants savent qu'il est dans les habitudes du gouvernement de laisser peu de temps dans les provinces les gouverneurs qui y sont nommés; qu'un changement de ministère arrive, chose très-fréquente et pour ainsi dire journalière, qu'un compétiteur s'empare de l'esprit de celui qui est au pouvoir, et voilà les titulaires destitués ou envoyés dans une autre province. Cette situation force les gouverneurs, une fois arrivés à leur destination, à s'occuper d'eux immédiatement, à réparer les brèches faites à leur patrimoine, à payer leurs dettes énormes, à s'enrichir enfin, pour parer aux éventualités de l'avenir. Nous en avons connu intimement qui ne pensaient exclusivement qu'à cela, et à plaire à leurs protecteurs.

Que de riches cadeaux n'envoyaient-ils pas à Constantinople ou au valy de la province ! combien de belles jeunes filles, arrachées de force des bras de leurs parents, ont orné le harem des puissants ministres ou gouverneurs ! Aussi l'administration va-t-elle à la dérive ; les employés subalternes, vautours rapaces, aident puissamment leurs maîtres à s'enrichir aux dépens du trésor et des pauvres populations ; ils gaspillent d'une manière effrayante les revenus publics ; ils portent des sommes énormes comme irrecouvrables tandis qu'elles ont été déjà perçues, non pas une fois, mais très-souvent deux, sans que des plaintes surgissent, ou, si elles se produisent quelquefois, elles ne sont pas écoutées.

Les employés, qui dépendent absolument du gouverneur, cherchent à lui plaire pour conserver leurs emplois, lesquels, quoique non rétribués par l'État, n'en sont pas moins très-lucratifs, à cause du pouvoir qui leur permet de pressurer et de spolier sans aucune retenue les populations craintives des raïas.

L'attitude humble, les cérémonies serviles de la part de ces subalternes rapaces, font pitié à ceux qui les voient ; mais autant ils sont rampants auprès de leurs chefs, autant ils sont insolents envers les populations chrétiennes ou juives. Les extorsions commises par ces gens sont effrayantes ; aussi les populations sont-elles dans la plus grande misère, les routes sont-elles partout à faire, et s'il y en a quelques-unes, elles sont alors complétement dégradées; de bâtiments publics nulle part : les conaks ou préfectures tombent en pourriture ; les rues, défoncées, avec des ornières profondes, sont des cloaques pestilentiels ; pas de fontaines, ou de bien misérables ; pas de sécurité, car les chemins et même les villes et les villages sont infestés de brigands, que la misère, les spoliations et l'impuissance de la police ont rendus effrontés, insouciants.

Les abus qui sont commis par les gouverneurs et les employés se remarquent principalement dans tout ce qui a trait à l'intérêt matériel ; c'est surtout dans les impositions qu'ils se manifestent d'une manière particulière. (Voir notre ouvrage : *la Vérité sur la Turquie*, pour autre détail.)

LES GOUVERNEURS ET LEUR ADMINISTRATION
DANS LES PROVINCES

La presqu'île des Balkans est divisée en gouvernements généraux ou vilayets, ayant à leur tête des pachas appelés valys : ce sont ceux de Roustchoux, Andrinople, Salonique, Sérajevo, Scutari, d'Albanie, Monastir et Janina.

Tous ces vilayets sont divisés en sandjaks, lesquels sont gouvernés par des mutessarifs (titre correspondant à celui de préfet en France); ceux-ci ont sous leurs ordres les caïmakans ou gouverneurs de cazas. Ces cazas ou sous-préfectures sont subdivisées en communes administrées par un mudir, s'il y a des Turcs dans le village; autrement par un tchorbadji, si tout le village est raïa ou chrétien.

A part les mutessarifs, qui sont nommés par le grand-vizir tous les autres gouverneurs sont nommés par le valy.

La situation de la Turquie, son immense territoire qui n'est sillonné ni par des routes ordinaires, ni par des chemins de fer, font des valys et des mutessarifs des seigneurs tout-puissants, maîtres absolus dans leurs gouvernements, indépendants et autoritaires. L'absence de tout contrôle, la platitude de leur entourage, composé d'employés qui ont plus d'une peccadille sur la conscience, mettent les gouverneurs à l'abri de toute atteinte.

Ils sont garantis encore par l'ignorance complète de leurs administrés, par l'organisation vicieuse de l'administration, qui les rend maîtres des correspondances postales ou télégraphiques (s'il y en a) de leurs provinces,

L'emploi de valy est une haute dignité en Turquie; il est assimilé au muchir (maréchal); ce poste est presque toujours dévolu à un ministre disgracié ou même à un vizir qui a déplu à son maître. Il y en a beaucoup qui préfèrent la situation de valy à celle de ministre. Nous comprenons leur préférence.

Il est de notoriété publique en Turquie que tous les personnages qui ont déjà occupé des emplois ou qui aspirent à en avoir se mettent dans un parti, dirigé par un ex-grand vizir ou ex-ministre, que les caprices du sultan et quelquefois, mais plus rarement, la volonté de certains ambassadeurs étrangers, peuvent faire parvenir au grand vizirat.

L'instabilité du pouvoir, ajoutée au caractère des Ottomans, a produit sur les pauvres populations des provinces les plus tristes et les plus malheureux effets.

Les gouverneurs, s'ils sont consciencieux, — on n'en voit pour ainsi dire pas, — restent si peu de temps à la tête de leur administration, qu'i's ne peuvent connaître les abus et s'occuper de les faire disparaître. En outre, les employés du conak, c'est-à-dire ceux qui relèvent du gouverneur, étant presque tous coupables de concussions envers les administrés, se gardent bien de mettre au courant des affaires le nouveau titulaire; ils sont habiles à le dépister dans ce capharnaüm administratif; d'ailleurs, leur tâche n'est pas trop difficile, car rarement il se produit de la part du public raïa des plaintes contre tel ou tel employé : mais si jamais il s'en produisait, le gouverneur, s'il est connu ami de la justice, n'en serait sûrement pas instruit, et malheur alors au plaignant; il n'aboutirait qu'à se faire une position beaucoup plus difficile, et à subir ensuite de la part des petits vautours du conak toutes sortes d'outrages et de pertes matérielles.

Dans la hiérarchie administrative ottomane, le mérite des

sujets est mis de côté, non pas souvent, mais toujours : c'est au plus habile, au plus rusé, à celui qui sait le mieux s'insinuer et plaire, que les bienfaits sont distribués; ce n'est pas seulement une règle générale pour les employés secondaires, mais aussi pour les administrateurs, les valys, les ministres et même les grands vizirs.

CONSÉQUENCES DE LA MAUVAISE ADMINISTRATION OTTOMANE

MOBILISATION DES RACES DANS LES PROVINCES

Si l'on jette tout d'abord un coup d'œil sur la carte qui se trouve jointe à cette brochure, on sera étonné de voir qu'il y a eu parmi toutes les races qui se trouvent désignées par une couleur distincte, des déplacements quelquefois considérables de ces mêmes races primitivement localisées dans leur territoire propre.

Cette mobilisation des raïas est due entièrement aux vices constants des administrateurs turcs. Nous avons déjà fait connaître succinctement les défauts capitaux qui sont les signes distinctifs de cette administration ottomane, qui conduit l'empire fondé par Osman à l'abîme et à la dispersion prochaine, de cette race jadis conquérante et guerrière.

Nous ne reviendrons donc plus sur ce sujet; les suites de cette fameuse question d'Orient, aujourd'hui en voie de solution, ne tarderont pas à répondre pour nous plus catégoriquement.

Il n'est pas douteux qu'avant la conquête de la Turquie d'Europe par les Ottomans, les peuples Grecs, Bulgares,

Albanais, Serbes, Bosniaques, etc., étaient localisés par masses compactes dans des territoires leur appartenant en propre. Les crêtes de l'Eminch-Dagh s'étendant du cap *Herminion* jusque vers le Nord de Prizrend et d'Uskub, en passant par le mont Vitosch au sud de Sofia, formaient les limites communes des deux grands peuples Grecs et Bulgares. Les Albanais, localisés entre les rives de l'Adriatique et les rivières encaissées et profondes des deux *Drin*, avaient, ainsi que toutes les autres races, des signes distinctifs, remarquables sous plus d'un rapport,

Aujourd'hui, il n'en est plus de même.

Par suite des pérégrinations de nombreuses familles, par suite de leur malheur commun et de la même situation misérable que le joug ottoman leur occasionnait, il s'est formé dans certaines localités un mélange de populations hybrides, lesquelles ne peuvent être classées parmi une race distincte, et qui déroutent les savants et les géographes qui n'ont que des connaissances imparfaites des lieux mêmes.

PETITES RACES MIXTES

———

Parmi les populations de ce genre, il faut compter les Koutzo-Valaques, les Albanais Guègues et Tochkes, les Arnaoutes, les Grecs-Bulgarophones, les Pomaks, les

V'Allahadés, etc. Toutes ces populations ont des origines distinctes, mais connues.

Les premières, appelées Koutzo-Valaques, au nombre d'environ 70,000, se sont établies principalement dans les territoires situés près de Klissoura et Castoria : leur origine, comme le dit fort bien leur nom, est valaque ; mais, par leurs unions avec les familles de la race dominante qui les environne et qui est grecque, ils sont arrivés à partager complétement les idées, les aspirations, la religion, les mœurs, les habitudes et même le costume de cette dernière ; de telle sorte qu'il est difficile de les distinguer des autres raïas hellènes. (1)

Quelques personnes ont prétendu que cette race, qui ne diffère de la race grecque que par une origine très-éloignée, était valaque et n'avait aucun commerce avec sa voisine. Rien de tout cela n'existe, et, nous le répétons, les raïas des campagnes qui environnent Clissoura et Kastoria, sont identiquement les mêmes que les raïas grecs, sous le rapport moral et sous le rapport matériel.

Les Grecs-Bulgarophones sont produits tout naturellement par le voisinage des races grecques et bulgares dans

---

(1) Beaucoup de savants, qui se sont occupé à rechercher l'origine des races de la Turquie, croient, et il parait que cette opinion est partagée par beaucoup de monde, que ces Koutzo-Valaques descendent des colonies militaires romaines qui s'étaient établies dans cette partie de la Macédoine, du temps de leur puissance. Dans ce cas, le mélange des deux races, vainqueur et vaincue, a eu le temps de se produire bien parfaitement.

les parties nord de la Thrace et sur les versants méridio-
naux des Balkans.

Ces races, et d'autres établies aujourd'hui dans certaines
contrées du nord de la Macédoine, se trouvent dans les
mêmes conditions que les *Koutzo-Valaques*, adonnées principalement au petit commerce qui se fait dans le pays; ils
diffèrent essentiellement des véritables Bulgares, presque
tous agriculteurs,

Du reste, la base de leur langage est grecque; on y remarque cependant bien des locutions bulgares, comme partout
d'ailleurs dans ce pays hétérogène. Ils sont, pour la plupart
phanariotes, c'est-à-dire obéissant au patriarcat grec de
Constantinople.

Les Arnaoutes sont les Albanais devenus Musulmans,
lors de la conquête; ils forment un groupe assez compacte
à l'Est de l'Albanie proprement dite. Bien que leurs idées
religieuses laissent beaucoup à désirer, ils ont accepté les
lois du Coran, comme les Pomaks qui, eux, sont Bulgares
renégats, de sorte que les uns et les autres jouissent des
droits et priviléges accordés aux Musulmans.

Le géographe Stamford a décrit exactement l'origine des
V'Allahadès, qui ne sont autres que des Grecs apostats.
Mais, laissons ces petites races englobées dans les immenses
territoires où dominent d'autres éléments autrement impor-
tants, qui sont les Grecs et les Bulgares.

BULGARES

Nous avons déjà fait connaître les limites qui séparent ces deux grandes races de la Turquie.

Eminemment agriculteurs, les Bulgares spoliés par les vainqueurs, se sont vus contraints d'acquérir péniblement certaines terres incultes, ou d'accepter en fermage les propriétés des beys et des aghas. De là, des pérégrinations dans les pays environnants : aussi, aujourd'hui, on remarque un certain nombre de colonies de cette race dans les parties purement grecques. A Ferré, à Démotica, sur les rives productives mais insalubres des embouchures de la Maritza, du côté de Uskub-Istib-Stroumnitra, les Bulgares, chassés de leurs propres pays, vivent, par suite des exactions nombreuses de la part de l'administration, dans une grande pauvreté, malgré la fertilité relativement plus considérable de ces terres d'alluvion.

Le voisinage de la mer avait attiré en Thrace de nombreuses familles bulgares, car l'absence complète de communications rend la vie excessivement dure aux habitants du centre de la presqu'île des Balkans; mais l'avidité des fonctionnaires turcs les ont vite mis au même niveau que leurs frères des pays proprement bulgares.

Ces populations, qui ont conservé leur caractère bulgare,

sont malheureusement clairsemées dans ces régions, étrangères pour eux.

Cependant, il n'en est pas de même dans les provinces entre les versants Sud de l'Emineh-Dagh et les provinces au Nord de Philipopoli et de Yomboli. Là les races bulgare et grecque sont mêlées si étroitement, qu'il est absolument impossible de trouver sur la carte une limite regulière et surtout très-exacte. Ainsi à Batak, à Péroutehiza, à Eski-Zagra, les Bulgares dominent par le nombre ; au contraire, ce sont les Grecs qui sont supérieurs en nombre et en importance dans d'autres localités avoisinantes. A chaque pas, on rencontre des Bulgares, des Grecs, des Turcs, et des Tcherkess ,en sorte, qu'il est impossible de limiter chaque parcelle de territoire occupé par l'une ou l'autre de ces races.

Toute la province de Macédoine, bien que complétement grecque, séparée qu'elle est de la Bulgarie proprement dite par des limites naturelles, se trouve actuellement, dans certaines parties septentrionales, habitée par des familles bulgares. Dans les régions d'Uskub, Diakowitza, Kalkandéré, Prizrend, Kommanova et Kustendil, les Grecs et les Albanais sont en minorité.

D'après le recensement que nous avons fait dans le cours de nos longs voyages dans les pays bulgares, nous estimons que le chiffre de cette population qui a le plus souffert du joug des Turcs, s'élève approximativement à 3,100,000 âmes.

Travailleurs infatigables, doux, paisibles, très-pauvres en général, ils sont bons pères de famille et serviables.

Dans la partie de la Bulgarie que baigne le Danube, les

populations sont plus à leur aise, l'instruction commence à s'y répandre et l'amour de l'indépendance se réveille dans leurs cœurs de jour en jour plus ardent. Ils souffrent d'autant plus de la situation dans laquelle ils se trouvent, qu'ils ont sous les yeux le spectacle d'un peuple libre (la Roumanie), qui vient de renaître à une vie nouvelle.

LES GRECS

Cette race qui a occupé une si grande place dans l'histoire, du sein de laquelle sont sortis tant de grands hommes, se trouve encore aujourd'hui, en grande partie sous le joug de ses vainqueurs.

Ils ont dû subir, comme les peuples Slaves de ces contrées, la loi du plus fort; leur intelligence, au temps où ils étaient libres, a brillé d'un vif éclat que le contact de la barbarie a terni.

Cette race, par suite des exigences de l'étroite égoïste politique de l'Europe, a été scindée en deux parties; l'une s'est relevée de ses malheurs et répare les tristes effets de la domination ottomane. C'est le royaume actuel de Grèce; l'autre souffre encore, c'est la Grèce raïa.

Si les Bulgares, ses frères dans le malheur se sont adonnés à la culture des terres; les Grecs raïas ont préféré se retirer, les uns sur les montagnes inaccessibles aux Turcs du Pinde et de Rodhope, les autres dans les villes et y vivre du produit de leur commerce et de leur petite industrie.

Beaucoup plus intelligents que les Bulgares, plus unis, ils ont pu se créer une situation moins misérable. Aidés par leurs frères libres de la Grèce, ils ont fondé des écoles, chose extrêmement difficile à faire sous l'ombrageux pouvoir du Sultan, ils ont pu entrer dans les administrations turques de Stamboul, et ils ont su tirer parti du peu de pouvoir qu'ils avaient pu acquérir.

Aussi, dans ces derniers temps, les fonctionnaires turcs prenaient-ils des ménagements et cherchaient à ne point trop exciter ces populations, dont l'intelligence, rapidement développée par l'instruction, ne comprenaient que mieux la triste et humiliante situation qui leur était faite.

Ayant en mains le peu d'argent qui se trouve dans le pays, grâce à leur activité, la Grèce raïa qui peuplait presque totalement les anciennes provinces de l'Épire, de la Thessalie, de la Macédoine et de la Thrace, ils se procurent plus aisément les éléments de la science et de la littérature; aussi, n'épargnent-ils rien pour sortir de la triste situation où les avaient placés les Turcs.

Formant une nombreuse population compacte, homogène et étroitement unie, elle domine par le nombre, l'intelligence, l'instruction et un bien-être relatifs.

Dans les provinces comprises entre la mer de l'Archipel,

au sud, et les grandes Artères transversales du centre de la Turquie d'Europe, seuls, ils s'occupent du commerce des céréales qui se fait dans la riche province des bords de la Maritza (l'*Hébros*), du Kara-Sou (le *Nestus*), et du Vardar (le *Pénée*); seuls aussi, ils sont les maîtres exclusifs de l'exportation de la Turquie sur les rivages de la mer Noire et l'Archipel. Les ports de Sa'onique, Volo, Rodosto, etc., ne sont alimentés que par les denrées qu'ils font produire eux-mêmes à leurs terres, ou qu'ils vont acheter quelquefois dans les plaines mêmes de la Bulgarie.

Aussi, leur prépondérance et leur vitalité sont plus vivaces que chez les autres races, et bien des fois, le pauvre cultivateur bulgare, chargé de famille et impotent, trouve chez le Grec la somme qui représente l'impôt qu'exige impitoyablement le zaptié ou l'iltizandji.

Ce n'est pas seulement en Turquie d'Europe que les raïas grecs accaparent le petit commerce qui a échappé aux lourdes taxes que les Turcs avides et imprévoyants ont imposé sur les produits, mais les îles de l'Archipel aussi sont exclusivement occupées et habitées par eux. Le littoral des vilayets de Sivas et de Kastamouni dans la mer Noire, celui des autres vilayets de Hudavendighiar, d'Aïdin et de Konieh, sont habités par un grand nombre de Grecs que j'estime, y compris ceux de l'archipel Ottoman, à plus de 4 millions

Toute la race est répartie approximativement de la manière suivante :

Epire et Basse-Albanie.	1,600,000
Thessalie	500,000
Macédoine.	600,000
Thrace (non compris Constantinople). . .	500,000
Constantinople et le littoral du Bosphore.	500,000
Total.	3,700,000

Puisque nous donnons le recensement des Grecs raïas, nous pouvons compléter, au moyen de nos propres renseignements, le dénombrement complet de la race entière répartie dans tout l'Orient. Au chiffre précédent, nous devons compter alors les autres membres de la famille hellénique répandus, tant dans le royaume de Grèce que dans les îles de l'Archipel et le continent asiatique.

Royaume de Grèce	1,600,000
Asie-Mineure (vilayets de Sivas, Hudavendighiar, Aïden, Konieh et Angora. . .	2,000,000
Crète, Chypre et les îles ottomanes. . . .	500,000
A ajouter le total précédent.	3,700,000
Total général.	7,800,000

Dans la mer Noire, la mer de l'Archipel et du Liban, le cabotage est entre leurs mains, ils donnent un peu de vie à ces contrées et réagissent tant qu'ils peuvent contre l'impéritie et l'ignorance obstinées des gouvernants de Stamboul.

LES SERBES

La partie de la Turquie, habitée aujourd'hui par les Serbes-Raïas, se trouve située dans les régions comprises entre les frontières actuelles de celle-ci et les villes et bourgs de Widin, Biogradjik, Scharkoï, Tirnovatz, Diakovitza, Bielopolje et les rives droites de la Bosna, aux environs de Serajevo, Bouzovatz et Schamatz.

Tous ces territoires, habités par des raïas qu'on appelle tantôt Serbes, tantôt Bosniaques, ont les même aspirations et attendent avec impatience le moment où ils se trouveront dans les mêmes conditions que leurs frères des bords de la Moravva, du Timok, du Danube et de la Save.

Du côté de Nisch, dans les plaines qui s'étendent à ses portes, on trouve des colonies bulgares. Cependant les Serbes sont en grande majorité dans les campagnes. Nous estimons les populations de ces contrées, que nous avons tant de fois parcourues, à près de 550,000 âmes.

CROATES-OTTOMANS
(Ouest de la Bosnie).

Habitant les frontières des États slaves du sud Autrichien, les populations de cette race en continuelle relations avec celles limitrophes de même origine, se sont mêlées à ces dernières et en ont adopté les idées et les convictions.

Heureuses de se trouver aux frontières d'un État puissant, elles souffrent un peu moins de la domination ottomane, quoique leur situation soit très-mauvaise et précaire.

HERZÉGOVINE

Cette race slave, de même famille que les Serbes et les Monténégrins, habitent un pays très-accidenté et d'une fertilité très-médiocre. Ils souffrent d'autant plus de la domination ottomane que leur situation, au point de vue topographique, leur permet de remarquer les bienfaits d'un régime tout autre que celui des Turcs. Soumis à de nombreuses familles musulmanes qui sont propriétaires du sol, eurs souffrances sont cruelles, et il ne faut pas s'étonner qu'ils aient les premiers de tous les raïas, en 1876, pris les armes pour secouer le joug turc qui les écrase.

Ils ont de grandes sympathies pour les Monténégrins qui sont leurs voisins du côté du sud. Ils forment un total de 140 mille individus environ.

LES KUTCHI, KLEMENTI, PULATI, NATI, BANIANI

Toutes ces races sont Slaves ; quoique les géographes les aient constammment comptées parmi les raïas, sujets de la Porte, elles sont presque indépendantes.

Elles n'ont jamais voulu permettre, dans leurs montagnes, le séjour des fonctionnaires ottomans. Le gouvernement turc s'est contenté, jusqu'à présent, d'exiger d'elles un tribut annuel qui leur est payé régulièrement par les chefs des villages. (Voir le tableau.)

LES MIRDITES ET LES DIBRI

Ces peuples se trouvent dans les mêmes conditions que les précédentes, ils sont, comme les autres, pasteurs ; l'élève du bétail est leur principale occupation. Fiers et guerriers, ils ont été longtemps en guerre contre la Porte. Inaccessibles dans leurs montagnes, celle-ci n'a jamais pu les soumettre, malgré la présence comme otage à Constantinople du rejeton de l'ancienne famille princière de ces pays, le prince François Bibdoda. Actuellement, celui-ci se trouve au milieu des siens, en armes contre les troupes turques qui bloquent le pays.

Les Mirdites et les Dibri sont de race albanaise et catholiques-romains, quoique dans leurs pratiques religieuses, il y ait un mélange d'idées superstitieuses, anciennes, qui résultent de l'état d'excessive ignorance dans lequel ces montagnards se trouvent.

LES TZIGANES OU BOHÉMIENS

Venus on ne sait d'où, offrant le type particulier aux races nomades, voyageant par bandes de vingt à trente personnes, y compris les femmes et les enfants, moitié mahométans, moitié chrétiens, n'étant pas reçus à la mosquée et n'allant pas à l'église, s'établissant aux abords des villages dans des huttes adossées à quelque remblai, très-basses, construites en branches et terre glaise, le toit à deux mètres au plus du niveau du terrain, recouvert, à défaut de tuiles, de mottes de gazon, tels sont les tziganes et leurs demeures, toujours provisoires, dans les provinces centrales de la Turquie d'Europe.

Le teint de leur visage est bronzé, leurs traits bien faits, leur costume celui des Turcs de la basse classe, mais beaucoup plus sale que chez ces derniers; les enfants dans les campements sont toujours nus, et constamment dans les immondices et le fumier; les femmes déguenillées, la poitrine toujours découverte jusqu'à la ceinture, offrent le type du dévergondage; toutes, jeunes et vieilles, fument dans de petites pipes en terre noire et à long tuyau en roseau.

Lorsque les enfants et les femmes nous voyaient passer sur la route, ils accouraient tous nous demander quelques paras : « Tchelébi, bech paras véréjek; » on ne pouvait se dépêtrer de cette vermine, il fallait bon gré mal gré leur donner quelque menue monnaie.

Les hommes sont ferblantiers, · étameurs, portefaix, joueurs de cornemuse et de grosse caisse, etc.

Voleurs, pillards, lorsqu'ils en trouvent l'occasion, ce sont pour les pauvres Bulgares des êtres extrêmement incommodes ; ils volent furtivement, jamais à main armée.

Pendant le séjour des ingénieurs dans les pays bulgares, ces misérables sans vergogne accouraient tous près des riches tchélébis offrir pour une somme minime et dérisoire leurs filles et leurs femmes.

Cette race nomade est répandue un peu partout en Turquie.

LES TCHERKESS

Depuis la prise de la Circassie et du Chirvan par les Russes, les mahométans tcherkess de ces contrées, ne pouvant se plier aux exigences de la civilisation, ne pouvant donner un libre cours à leurs habitudes éminemment pillardes sous les lois russes, ont préféré émigrer en Turquie.

Le gouvernement ottoman, ayant déjà constaté que la race musulmane dégénérait rapidement par l'abus des passions honteuses et contre nature, s'étant aperçu qu'elle diminuait d'une manière effrayante, surtout dans la presqu'île des Balkans, que, malgré l'isolement dans lequel il cherchait à mettre le pays en ne construisant aucune route, aucun chemin de fer, en ne développant aucune industrie, les populations raïas tendaient du côté des frontières à secouer leur joug odieux, s'empressa d'accéder au désir des chefs tcherkess, qui demandaient des terres et les priviléges qu'on accorde en Turquie à tout sujet musulman. C'est particulièrement dans les fertiles contrées de la Bulgarie et de la Thrace que ces sauvages ont voulu s'établir; leurs villages sont situés aux abords de la route qui, partant de Constantinople, se dirige vers l'intérieur en passant par Tchorlou, Andrinople, Philipopoli, Bazardjik et les Balkans.

Les déprédations commises de tout temps par ces pillards sont effrayantes, leur insolence est proverbiale, leur esprit de rapine étonnant ; ne pouvant se procurer de l'argent, très-rare chez les pauvres paysans chrétiens, ils se jetaient alors sur les chevaux, bœufs, buffles des attelages. Tous les jours ils parcourent les pays par bandes de cinq ou six, bien armés et à cheval et battent la campagne pour se livrer au vol et au pillage. Les familles Tcherkess, vendent leurs filles aux Osmanlis de Constantinople et des grands centres de l'intérieur. Pour donner une idée de ce que sont ces sauvages mahométans, nous rappellerons que tout récemment la Porte, pour prévenir un soulèvement dans les provinces hellènes, y expédia un nombre considérable de ces véritables bandits, qu'elle fit venir du Caucase et du Kurdistan. Arrivés en Epire et en Thessalie, lieu de leur destination, ils commencèrent sans délai à mettre tout au pillage. Leurs dilapidations furent si criantes et si odieuses, que le bruit s'en répandit partout. Grâce aux représentations énergiques des Consuls grecs, assistés par les Chargés d'affaires des autres puissances, la Porte a cessé la colonisation de ces pays au moyen de ces malfaiteurs si renommés.

LES JUIFS

Proscrits par le roi d'Espagne Philippe II, les juifs sont venus s'établir en partie dans les principales villes de la Turquie, où ils s'occupent exclusivement du petit commerce. Ils prêtent de l'argent, à tout le monde, mais à un taux énorme, 200,300 pour cent, et il faut que le débiteur soit solvable. Ils sont merciers, revendeurs de denrées, portefaix, sarafs (changeurs), etc.; ils ont le talent de se mettre toujours bien avec les autorités turques de la localité. Ils sont humbles, rampants et ne s'occupent exclusivement que de leurs affaires. Ils n'habitent que les villes, et sont assez nombreux à Sofia, Tatar-Bazardjick, Philipopoli et Andrinople.

LES TATARS

VENUS DE LA CRIMÉE

Les Tatars habitent presque tous la Dobrutcha aux embouchures du Danube où ils s'occupent d'agriculture et du transport des céréales aux ports d'embarquement. Ils sont assez tranquilles et font peu de mal aux raïas chrétiens.

Paris. — Imprimerie Moderne (Barthier d'), rue J.-J. Rousseau, 61.

— *Croates* orthodoxes . . . . 25,000 } 75,000

(Bosnie) *Herzégoviniens* orthodoxes . . . . 110,000 }
— *Herzégoviniens* catholiques romains . . . . 30,000 } 140,000

(Bosnie, vieille Serbie et Bulgarie) *Serbes* de race proprement dite. 550,000

Arméniens répandus dans les principaux centres de la Roumélie 110,000

Juifs en Roumélie et Bulgarie. 80,000

Valaques répandus dans la Dobrutcha et le littoral du Danube (rive droite). 80,000

Valaques répandus dans la Mécédoine et la Thessalie qui tiennent à conserver leur nationalité. . 10,000

TOTAL des sujets soumis aux lois du Sultan en Turquie d'Europe. . . . 9,625,000

RACES PRESQUE INDÉPENDANTES QUI SE GOUVERNENT ELLES-MÊMES ET NE PAYENT QU'UN LÉGER TRIBUT A LA PORTE

Tribu des *Mirdites* . . . . , ... 80,000 }
— des *Dibri* . . . . , ... 20.000 }
— des *Pulati* . . . . 20,000 }
— des *Mati* . . . . 10,000 } 220,000
— des *Kutchi* . . . . 40,000 }
— des *Klementi* . . . . 30,000 }
— des *Baniani* . . . . 20,000 }

TOTAL GÉNÉRAL. 9,845,000

POPULATIONS DE LA TURQUIE D'EUROPE

RACES MUSULMANES

Turcs Osmanlis	650,000	
Tcherkess — venus du Caucase après sa conquête par les Russes.	200,000	
Tatars — venus de la Tauride.	100,000	
Bosniaques — descendants de chrétiens renégats lors de la conquête. . . .	150,000	1.410,000
Bulgares, appelés ***Pomaks***, — idem.	140,000	
Albanais, appelés ***Arnaoutes***, — idem.	150,000	
Grecs, appelés ***l'Allahadès***, — idem	20,000	

RACES DES RAIAS CHRÉTIENS

Grecs de race pure.	3,000,000	
Grecs de race primitivement albanaise.	630,000	3,700,000
Grecs de race valaque.	70,000	
Bulgares orthodoxes.	3,000,000	3,100,000
Bulgares catholiques romains	100,000	
Albanais orthodoxes	290,000	370,000
Albanais catholiques romains (à part les Mirdites et les Dibri).	80,000	
(Bosnie) ***Croates*** catholiques romains.	50,000	

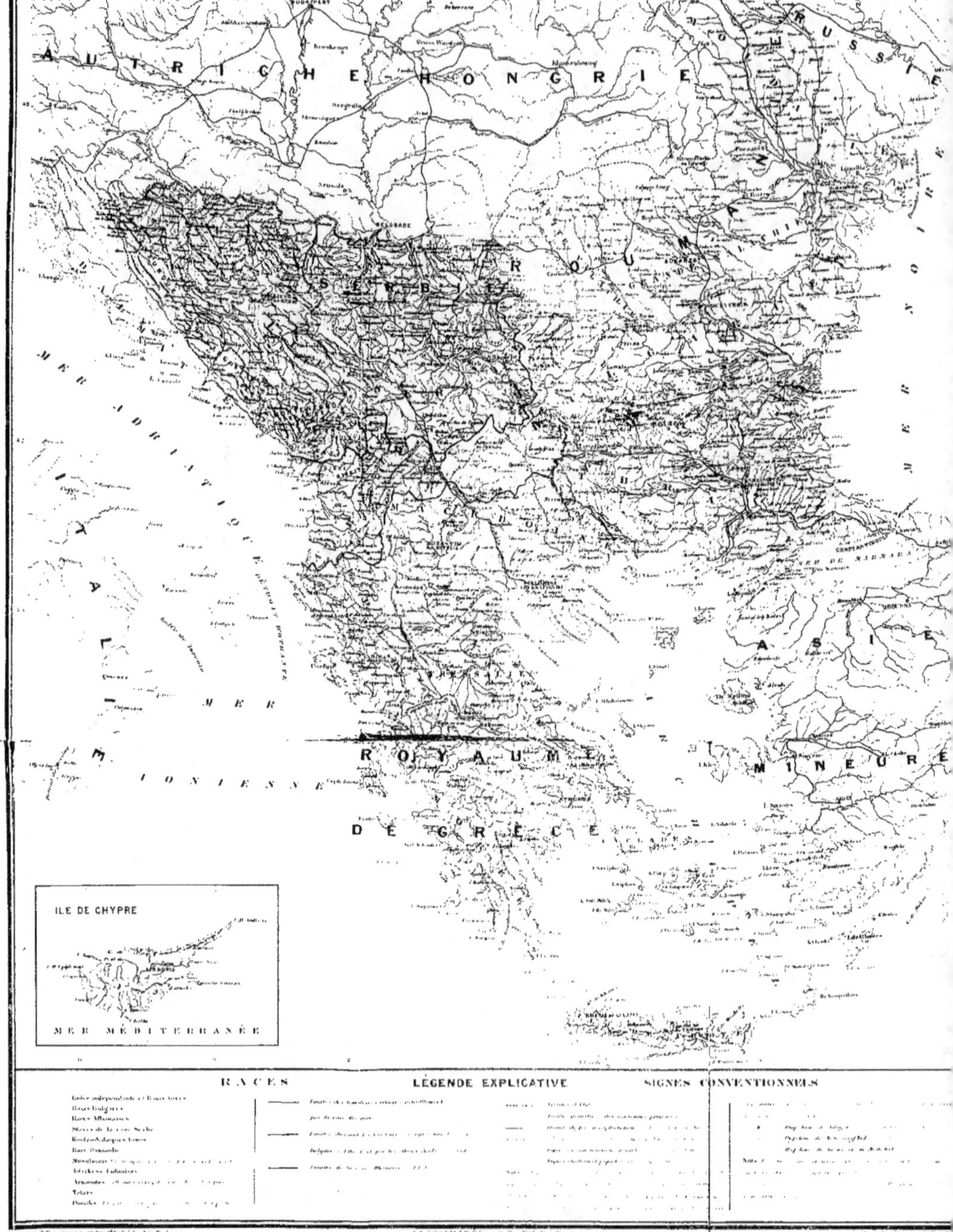

CARTE ETHNOGRAPHIQUE ET ORO-HYDROGRAPHIQUE DE LA TURQUIE D'EUROPE
DE LA SERBIE, DU MONTÉNÉGRO, DE LA GRÈCE, DE L'ARCHIPEL ET DE L'OUEST DE L'ASIE MINEURE
LIMITES HISTORIQUES DES ANCIENNES PROVINCES, EMPLACEMENTS OCCUPÉS ACTUELLEMENT PAR LES DIFFÉRENTES RACES, VOIES FERRÉES EN ÉTUDE OU EN EXPLOITATION
Rectifications dans certaines parties des provinces centrales par F. BIANCONI Ex-Ingénieur-Architecte en Chef des chemins de fer ottomans
Mémoire de la Société de Géographie de France
AUTRICHE-HONGRIE
RUSSIE
SERBIE
ROUMANIE
MER ADRIATIQUE
MER NOIRE
MER IONIENNE
ROYAUME DE GRÈCE
ASIE MINEURE
ILE DE CHYPRE
MER MÉDITERRANÉE
RACES
LÉGENDE EXPLICATIVE
SIGNES CONVENTIONNELS
A. LASSAILLY Éditeur, 8, Rue Richelieu, Paris

Paris. — Imprimerie Moderne (Barthier, d'), r. J.-J.-Rousseau, 61.